Ain

Max et l
leur cou

Dominique de Saint Mars

Serge Bloch

CALLIGRAM

CHRISTIAN GALLIMARD

Série dirigée par Dominique de Saint Mars

© Calligram 2014
Tous droits réservés pour tous pays
Imprimé en Italie
ISBN : 978-2-88480-694-7

Arrête ta comédie, Victor* !
Tu as tout pour être heureux !
Tu ne fais pas le moindre
effort !

Il faut te secouer, mon vieux !
Tu changes d'idée toutes les
trois minutes ! Jusque-là,
on t'a laissé faire !
Maintenant, c'est terminé !
Tu iras chez ta
grand-mère !

VICTOR

Je panique...
Je ne peux pas y aller...
Je ne sais pas ce
qui m'arrive...

* Retrouve Victor dans *Le cousin de Max et Lili se drogue.*

5

* Retrouve les parents de Victor dans *Max et Lili veulent passer Noël en famille.*

8

* Retrouve Victor qui construit la cabane dans Max est maladroit.

Panel 1:

Pauvre Victor... Il me fait de la peine...

Pas facile d'être ado, ni d'être parent d'ado ! Ça va lui faire du bien de changer de famille.

Panel 2:

J'ai peur pour les vacances ! Si on demandait conseil à Georges ? Il n'est pas psy, mais il est médecin généraliste !

Je l'invite à dîner... Ce sera plus naturel.

13

15

On fait une course ? Comme d'hab, Victor ?

Deux longueurs, nage libre ?

Il faut que je sorte !

17

Papa, on vous attend dans les vestiaires.

Avoue, Victor, que t'as eu peur de perdre !

Moi ? Peur de toi ?! T'es prêt pour la course, microbe ?

Quand tu m'aimais, tu trichais pour me laisser gagner !

T'es trop fort maintenant !

21

Panel 1:

Ce n'est pas juste une crise d'ado, hein ?

Non, c'est de l'angoisse. Et dans ce genre de maladie, le cerveau dysfonctionne par moments : il ne se connecte plus bien. On est envahi de peur, d'imaginaire, on « pète un câble », quoi ! Ça arrive !

Peur... ?! Moi aussi, j'imagine des monstres sous mon lit !

Panel 2:

Il y a encore tellement à découvrir sur le cerveau... On sait que certains enfants naissent plus sensibles. S'ils ont trop de stress ou trop de malheurs, ça peut déclencher une crise.

Stress... ?! Moi aussi, ça me fait la guerre dans ma tête quand les parents se disputent...

Il a besoin d'être guidé en ce moment. Pour reprendre les rênes de sa vie, il faut qu'il réussisse à faire confiance à quelqu'un qui pourra l'aider.
On va t'inviter avec ses parents. Tu pourras aussi leur donner l'adresse d'un bon psy. Ou d'un psy qui vient à domicile ?
Devenir le chef de sa vie !
C'est vrai qu'il est bizarre, Victor. Il fait la tête, après il rigole, et il nous a même pas dit bonne nuit.
C'est le comportement typique d'un ado. Les ados ne voient qu'eux et ne pensent qu'à eux !

Panel 1:

Tu dors pas ? Je peux regarder la télé avec toi ?

Je regarde pas la télé ! Je dors !

Panel 2:

T'as pas faim, Victor ? Je te fais une tartine ? avec du miel ? du beurre de cacahuètes ? T'as rien mangé aujourd'hui !

Tu me fais des reproches, comme mes parents ! Tu poses trop de questions ! J'ai besoin de calme !

Max, j'ai compris ce qui ne va pas avec Victor !

Hum ?

Il est hypersensible ! hyperémotif ! La moindre parole le touche. Il interprète tout de travers, il ne se souvient que des mauvaises choses ! Et il ne faut pas lui demander son avis tout le temps...

25

J'ai dit de ne pas le brusquer, et tu lui as touché l'épaule ! J'ai dit UNE seule question, et tu lui en as posé DEUX !

Je ne suis pas d'accord ! Au contraire, il faut le brusquer ! Tu vas voir, aide-moi !

ARRÊTEZ de me chatouiller ! HI ! HI ! ARRÊTEZ ! HA ! HA ! ARRÊTEZ !!!

28

29

Moi, j'ai mon idée ! Victor ne va pas bien parce qu'il est perdu en lui ! S'il était obligé de s'occuper des autres, il redeviendrait chef de sa vie !

C'est fort possible !

Il pourrait être notre baby-sitter ?

Je veux pas, moi !

Travailler, rien de mieux pour le moral !

En plus, ça m'arrange ! VICTOR !!

Ne le brusque pas ! Fais des phrases courtes et précises ! Et pas plus d'UNE question à la fois !

31

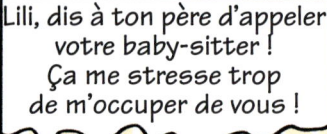

J'ai des crises de panique...
J'arrive pas à faire ce que j'ai
envie de faire... à dire ce que
j'ai envie de dire, je ne peux plus
choisir... Des pensées m'envahissent,
je transforme tout, je me fais des
idées... Je me sens comme
un bébé, perdu...

C'est des crises
d'angoisse !

Quand ça arrive, je me dis
que ça s'arrêtera jamais,
et quand ça s'arrête, j'ai peur
que ça revienne... Je suis mal,
tu ne peux pas savoir...
J'ai peur de devenir ouf...

Bah, on n'est fou
que PAR MOMENTS,
il paraît...

Tu sais, l'angoisse, c'est normal : c'est le cerveau qui réagit au stress ! Et d'où vient le stress ? De la peur de ne pas être à la hauteur... On est trop stressés, c'est l'époque !

Comment tu sais tout ça, toi ?

Je l'ai compris avec mon psy* !

Tu es allée chez un psy, toi ?!

Ben oui, personne n'est parfait !

Et tu n'as pas honte de le dire ?

Faudrait être fou d'avoir honte de souffrir ! Un psy, ça aide à comprendre, à retrouver confiance, à s'aimer. Ça calme, quoi !

* Retrouve Lili dans *Lili va chez la psy.*

Quelques jours plus tard...

Il faudrait quand même que j'aille m'occuper de ma grand-mère... Ça vous ennuie si j'appelle mes parents ?

Non, tu restes ! Tu as un contrat de travail !

Enfin, remarque, c'est toi le chef de ta vie !

On te laisse pas partir, vieux frère !

Et toi...

Est-ce qu'il t'est arrivé la même histoire qu'à Victor ?
Réponds aux deux questionnaires...

C'est pas ma faute si je suis désagréable... C'est les autres qui sont des monstres !

Est-ce un frère, une sœur ? Il se sent persécuté ? Il est agressif ? Il s'isole ? Il fuit la réalité dans les écrans ?

On le traite de paresseux, de débile ! Moi, je le trouve intelligent et sensible !

Tu as peur de lui, tu le trouves bizarre ? Tu as envie de t'en moquer ou tu vois qu'il souffre ? Tes parents aussi ?

Est-ce ton père, ta mère ? Tu te sens mal-aimé, critiqué, coupable ? Tu lui en veux ? Tu voudrais l'aider ?

Tu es anxieux à cause d'une séparation, une mort, un choc, l'école, la piscine ou de mauvais souvenirs ?

Tu as des peurs ? Tu es énervé, triste, bloqué ? Tu as envie de te venger ? Tu oses le dire ?

Tu penses qu'on ne t'aime pas ? qu'on t'abandonne ? qu'on dit du mal de toi ? que tu vas rater ?

Tes frères et sœurs s'expliquent quand ils souffrent ?
Tu trouves que chacun se comprend dans la famille ?

Tes parents disent qu'il y a toujours une solution ?
Ils aiment discuter, rire, raconter leur enfance... ?

Ils se font facilement aider par la famille,
des amis, des médecins, des associations ?

Moi, je me sens heureux, même pour des petits riens !

Tu t'adaptes aux changements ? Tu acceptes de vivre ta vie et pas celle des autres ? de ne pas être parfait ?

Si les autres ne sont pas gentils, tu penses qu'ils ne le font pas exprès, qu'ils ont des problèmes ? Tu pardonnes ?

Tu es allé voir un psy pour comprendre ton histoire ? Ça t'a aidé à avoir moins peur, à retrouver confiance ?

**Après avoir réfléchi
à ces questions
sur l'angoisse,
tu peux en parler
avec tes parents ou tes amis.**

Petit dico Max et Lili
sur la santé mentale

Bipolaire : On change d'humeur sans qu'on le veuille, et on passe de la dépression à l'exaltation.

Dépersonnalisation : Impression de ne plus être soi.

Dépression : On n'a plus envie de bouger, de parler, de vivre ; on est triste.

Émotif : On ressent trop fort les émotions quand on éprouve l'amour, la joie, la peine, la colère, la peur.

Hyperactif : On est distrait, agité, impatient.

Parano : On se sent menacé, attaqué, critiqué, alors qu'on ne l'est pas.

Psy : Médecin psychiatre qui soigne le cerveau et peut donner des médicaments.
Psychologue qui soigne par l'écoute et la parole.

Psychisme : Vie de la pensée, de l'affectivité, de l'humeur, des souvenirs... organisée par le cerveau.

Psychotique : On voit différemment la réalité.
Les circuits de l'information du cerveau se connectent mal.
Ça entraîne un mal-être de la pensée et du corps.

Schizo : On n'est plus le chef de sa pensée, on est envahi par son imagination. Tout devient étrange, et on peut même être plusieurs personnes à la fois.

Stress : Tension pour s'adapter à un changement ou à un danger. Si on en a trop, ça peut rendre malade.

Dans la même collection